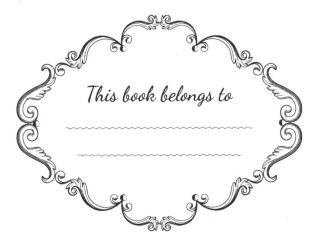

This book belongs to

Date ....

○ Sun ○ Mon ○ Tue ○ Wed ○ Thu ○ Fri ○ Sat

Date ....

○ Sun ○ Mon ○ Tue ○ Wed ○ Thu ○ Fri ○ Sat

Date ....

○ Sun ○ Mon ○ Tue ○ Wed ○ Thu ○ Fri ○ Sat

Date ....

○ *Sun*　○ *Mon*　○ *Tue*　○ *Wed*　○ *Thu*　○ *Fri*　○ *Sat*

Date ....

☐ *Sun* ☐ *Mon* ☐ *Tue* ☐ *Wed* ☐ *Thu* ☐ *Fri* ☐ *Sat*

Date ....

○ Sun ○ Mon ○ Tue ○ Wed ○ Thu ○ Fri ○ Sat

Date ....
☐ Sun ☐ Mon ☐ Tue ☐ Wed ☐ Thu ☐ Fri ☐ Sat

Date ....

☐ Sun ☐ Mon ☐ Tue ☐ Wed ☐ Thu ☐ Fri ☐ Sat

Date ....

○ Sun ○ Mon ○ Tue ○ Wed ○ Thu ○ Fri ○ Sat

Date ....

○ Sun ○ Mon ○ Tue ○ Wed ○ Thu ○ Fri ○ Sat

Date ....

○ Sun ○ Mon ○ Tue ○ Wed ○ Thu ○ Fri ○ Sat

Date ....
○ Sun ○ Mon ○ Tue ○ Wed ○ Thu ○ Fri ○ Sat

Date ....

○ Sun ○ Mon ○ Tue ○ Wed ○ Thu ○ Fri ○ Sat

Date ....
○ Sun ○ Mon ○ Tue ○ Wed ○ Thu ○ Fri ○ Sat

Date ....

○ _Sun_ ○ _Mon_ ○ _Tue_ ○ _Wed_ ○ _Thu_ ○ _Fri_ ○ _Sat_

Date ....

○ Sun ○ Mon ○ Tue ○ Wed ○ Thu ○ Fri ○ Sat

Date ....

○ Sun ○ Mon ○ Tue ○ Wed ○ Thu ○ Fri ○ Sat

Date ....

Date ....

○ Sun   ○ Mon   ○ Tue   ○ Wed   ○ Thu   ○ Fri   ○ Sat

Date ....

○ Sun ○ Mon ○ Tue ○ Wed ○ Thu ○ Fri ○ Sat

Date ....

○ Sun ○ Mon ○ Tue ○ Wed ○ Thu ○ Fri ○ Sat

Date ....
○ Sun ○ Mon ○ Tue ○ Wed ○ Thu ○ Fri ○ Sat

Date ....

○ Sun ○ Mon ○ Tue ○ Wed ○ Thu ○ Fri ○ Sat

Date ....

○ Sun ○ Mon ○ Tue ○ Wed ○ Thu ○ Fri ○ Sat

Date ....

○ Sun ○ Mon ○ Tue ○ Wed ○ Thu ○ Fri ○ Sat

Date ....

☐ Sun ☐ Mon ☐ Tue ☐ Wed ☐ Thu ☐ Fri ☐ Sat

Date ....

○ Sun ○ Mon ○ Tue ○ Wed ○ Thu ○ Fri ○ Sat

Date ....

☐ *Sun* ☐ *Mon* ☐ *Tue* ☐ *Wed* ☐ *Thu* ☐ *Fri* ☐ *Sat*

Date ....

○ Sun ○ Mon ○ Tue ○ Wed ○ Thu ○ Fri ○ Sat

Date ....

○ Sun ○ Mon ○ Tue ○ Wed ○ Thu ○ Fri ○ Sat

Date ....

○Sun ○Mon ○Tue ○Wed ○Thu ○Fri ○Sat

Date ....

☐ Sun ☐ Mon ☐ Tue ☐ Wed ☐ Thu ☐ Fri ☐ Sat

Date ....

○ Sun ○ Mon ○ Tue ○ Wed ○ Thu ○ Fri ○ Sat

Date ....

☐ *Sun* ☐ *Mon* ☐ *Tue* ☐ *Wed* ☐ *Thu* ☐ *Fri* ☐ *Sat*

Date ....

☐ Sun ☐ Mon ☐ Tue ☐ Wed ☐ Thu ☐ Fri ☐ Sat

Date ....

○ Sun ○ Mon ○ Tue ○ Wed ○ Thu ○ Fri ○ Sat

Date ....

○ Sun ○ Mon ○ Tue ○ Wed ○ Thu ○ Fri ○ Sat

Date ....

○ Sun ○ Mon ○ Tue ○ Wed ○ Thu ○ Fri ○ Sat

Date ....

○ Sun ○ Mon ○ Tue ○ Wed ○ Thu ○ Fri ○ Sat

Date ....

☐ Sun ☐ Mon ☐ Tue ☐ Wed ☐ Thu ☐ Fri ☐ Sat

Date ....

○Sun ○Mon ○Tue ○Wed ○Thu ○Fri ○Sat

Date ....

☐ Sun ☐ Mon ☐ Tue ☐ Wed ☐ Thu ☐ Fri ☐ Sat

Date ....

○ *Sun* ○ *Mon* ○ *Tue* ○ *Wed* ○ *Thu* ○ *Fri* ○ *Sat*

Date ....
☐ *Sun* ☐ *Mon* ☐ *Tue* ☐ *Wed* ☐ *Thu* ☐ *Fri* ☐ *Sat*

Date ....

☐ Sun ☐ Mon ☐ Tue ☐ Wed ☐ Thu ☐ Fri ☐ Sat

Date ....

○ Sun ○ Mon ○ Tue ○ Wed ○ Thu ○ Fri ○ Sat

Date ....

○ *Sun* ○ *Mon* ○ *Tue* ○ *Wed* ○ *Thu* ○ *Fri* ○ *Sat*

Date ....

○ Sun ○ Mon ○ Tue ○ Wed ○ Thu ○ Fri ○ Sat

Date ....

☐ Sun ☐ Mon ☐ Tue ☐ Wed ☐ Thu ☐ Fri ☐ Sat

Date ....

○Sun ○Mon ○Tue ○Wed ○Thu ○Fri ○Sat

Date ....

◯ Sun ◯ Mon ◯ Tue ◯ Wed ◯ Thu ◯ Fri ◯ Sat

Date ....

☐ Sun ☐ Mon ☐ Tue ☐ Wed ☐ Thu ☐ Fri ☐ Sat

Date ....

○Sun ○Mon ○Tue ○Wed ○Thu ○Fri ○Sat

Date ....

○ Sun ○ Mon ○ Tue ○ Wed ○ Thu ○ Fri ○ Sat

Date ....

☐ *Sun* ☐ *Mon* ☐ *Tue* ☐ *Wed* ☐ *Thu* ☐ *Fri* ☐ *Sat*

Date ....

○ Sun ○ Mon ○ Tue ○ Wed ○ Thu ○ Fri ○ Sat

Date ....

☐ Sun ☐ Mon ☐ Tue ☐ Wed ☐ Thu ☐ Fri ☐ Sat

Date ....

○ Sun ○ Mon ○ Tue ○ Wed ○ Thu ○ Fri ○ Sat

Date ....

☐ Sun ☐ Mon ☐ Tue ☐ Wed ☐ Thu ☐ Fri ☐ Sat

Date ....

○ Sun ○ Mon ○ Tue ○ Wed ○ Thu ○ Fri ○ Sat

Date ....

○ Sun ○ Mon ○ Tue ○ Wed ○ Thu ○ Fri ○ Sat

Date ....

☐ Sun ☐ Mon ☐ Tue ☐ Wed ☐ Thu ☐ Fri ☐ Sat

Date ....
○ Sun ○ Mon ○ Tue ○ Wed ○ Thu ○ Fri ○ Sat

Date ....

Date ....

☐ Sun ☐ Mon ☐ Tue ☐ Wed ☐ Thu ☐ Fri ☐ Sat

Date ....

○ *Sun* ○ *Mon* ○ *Tue* ○ *Wed* ○ *Thu* ○ *Fri* ○ *Sat*

Date ....

☐ Sun ☐ Mon ☐ Tue ☐ Wed ☐ Thu ☐ Fri ☐ Sat

Date ....

○ Sun ○ Mon ○ Tue ○ Wed ○ Thu ○ Fri ○ Sat

Date ....

○ Sun ○ Mon ○ Tue ○ Wed ○ Thu ○ Fri ○ Sat

Date ....

○ Sun ○ Mon ○ Tue ○ Wed ○ Thu ○ Fri ○ Sat

Date ....

☐ Sun ☐ Mon ☐ Tue ☐ Wed ☐ Thu ☐ Fri ☐ Sat

Date ....

○ Sun ○ Mon ○ Tue ○ Wed ○ Thu ○ Fri ○ Sat

Date ....

○ Sun ○ Mon ○ Tue ○ Wed ○ Thu ○ Fri ○ Sat

Date ....

☐ Sun ☐ Mon ☐ Tue ☐ Wed ☐ Thu ☐ Fri ☐ Sat

Date ....
○ Sun ○ Mon ○ Tue ○ Wed ○ Thu ○ Fri ○ Sat

Date ....

○ Sun ○ Mon ○ Tue ○ Wed ○ Thu ○ Fri ○ Sat

Date ....

○ Sun ○ Mon ○ Tue ○ Wed ○ Thu ○ Fri ○ Sat

Date ....

○ Sun ○ Mon ○ Tue ○ Wed ○ Thu ○ Fri ○ Sat

Date ....
○ Sun ○ Mon ○ Tue ○ Wed ○ Thu ○ Fri ○ Sat

Date ....
○ Sun ○ Mon ○ Tue ○ Wed ○ Thu ○ Fri ○ Sat

Date ....

○ Sun ○ Mon ○ Tue ○ Wed ○ Thu ○ Fri ○ Sat

Date ....

☐ *Sun* ☐ *Mon* ☐ *Tue* ☐ *Wed* ☐ *Thu* ☐ *Fri* ☐ *Sat*

Date ....
◯ Sun ◯ Mon ◯ Tue ◯ Wed ◯ Thu ◯ Fri ◯ Sat

Date ....

○ Sun ○ Mon ○ Tue ○ Wed ○ Thu ○ Fri ○ Sat

Date ....
☐ *Sun* ☐ *Mon* ☐ *Tue* ☐ *Wed* ☐ *Thu* ☐ *Fri* ☐ *Sat*

Date ....

○ Sun ○ Mon ○ Tue ○ Wed ○ Thu ○ Fri ○ Sat

Date ....

○ Sun ○ Mon ○ Tue ○ Wed ○ Thu ○ Fri ○ Sat

Date ....

☐ *Sun* ☐ *Mon* ☐ *Tue* ☐ *Wed* ☐ *Thu* ☐ *Fri* ☐ *Sat*

Date ....

○ *Sun* ○ *Mon* ○ *Tue* ○ *Wed* ○ *Thu* ○ *Fri* ○ *Sat*

Date ....

○ *Sun* ○ *Mon* ○ *Tue* ○ *Wed* ○ *Thu* ○ *Fri* ○ *Sat*

Date ....

○ Sun ○ Mon ○ Tue ○ Wed ○ Thu ○ Fri ○ Sat

Date ....

○ Sun ○ Mon ○ Tue ○ Wed ○ Thu ○ Fri ○ Sat

Date ....
○ Sun ○ Mon ○ Tue ○ Wed ○ Thu ○ Fri ○ Sat

Date ....

○ *Sun* ○ *Mon* ○ *Tue* ○ *Wed* ○ *Thu* ○ *Fri* ○ *Sat*

Date ....

○ Sun ○ Mon ○ Tue ○ Wed ○ Thu ○ Fri ○ Sat

Date ....

○ Sun　○ Mon　○ Tue　○ Wed　○ Thu　○ Fri　○ Sat

Date ....

○Sun ○Mon ○Tue ○Wed ○Thu ○Fri ○Sat

Date ....

○ Sun   ○ Mon   ○ Tue   ○ Wed   ○ Thu   ○ Fri   ○ Sat

Date ....

○ Sun ○ Mon ○ Tue ○ Wed ○ Thu ○ Fri ○ Sat

Date ....

☐ Sun ☐ Mon ☐ Tue ☐ Wed ☐ Thu ☐ Fri ☐ Sat

Date ....

○ Sun ○ Mon ○ Tue ○ Wed ○ Thu ○ Fri ○ Sat

Date ....

○ Sun ○ Mon ○ Tue ○ Wed ○ Thu ○ Fri ○ Sat

Date ....

☐ Sun ☐ Mon ☐ Tue ☐ Wed ☐ Thu ☐ Fri ☐ Sat

Date ....

○ Sun ○ Mon ○ Tue ○ Wed ○ Thu ○ Fri ○ Sat

Date ....

○ Sun ○ Mon ○ Tue ○ Wed ○ Thu ○ Fri ○ Sat

Made in the USA
Monee, IL
21 July 2021

74021432R10069